目　次

● 基調報告

　　福川　伸次
　　（アユ研フォーラム座長、東洋大学総長、元通産事務次官）
　　　イノベーション力の強化で日本再生を ………… 02

● 講演

　　赤阪　清隆
　　（公益財団法人フォーリン・プレスセンター理事長）
　　　『アジアの世紀』はやって来るのか、来ないのか？
　　　……………………………………………… 06

● 質疑応答

　　赤阪　清隆（フォーリン・プレスセンター理事長）
　　　……………………………………………… 32

● 総括・閉会の辞

　　谷口　誠
　　（アジア・ユーラシア総研特別顧問、元国連大使）
　　　……………………………………………… 38

第10回「アジア・ユーラシア研究フォーラム」のご案内
　　……………………………………………… 40

アジア・ユーラシアブックレット発刊によせて ………… 41

第8回アジア・ユーラシア研究フォーラム

2019年3月

イノベーション力の強化で日本再生を

福川伸次
（アユ研フォーラム座長、東洋大学総長、元通産事務次官）

　最近、日本のイノベーション力、とりわけ基礎研究力が低下しているとの声が高まっている。2018年12月には京都大学の本庶佑教授が日本人として26人目のノーベル賞を受賞されたが、これまでの多くの受賞者が今後は受賞がなかなか難しくなると懸念している。自由民主党もさすがにこの点に気付き、政務調査会は、科学技術イノベーション戦略調査会のもとに科学技術基本問題小委員会を設けた。政府も2019年度予算で若干配慮した。

　思い返すと、1980年代に日米貿易摩擦が激しかった当時、米国議会では「米国にとっての脅威が二つある。一つはソ連の軍事力、もう一つは日本の産業力である」と言われるくらい日本の産業力は米国にとって脅威とされ、日本に輸出自主規制と輸入促進を迫った。さらに1985年のプラザ合意による通貨調整を求め競争条件を有利にしようとした。

　その反面で、米国は、情報通信分野を中心にイノベーション力の充実に政策を展開していた。1985年にヤング・レポートを、そして1991年にペルミザーノ報告を出して、情報通信技術の革新と知

的所有権の保護、海外の優秀な人材の移入を進めていたのである。21世紀に入って米国が情報通信技術で圧倒的な強さを発揮したのは、こうした戦略の成果である。

一方、日本は、激しい貿易戦争をめぐる欧米諸国からの攻撃に懲りたのか、政府も研究開発、とりわけ基礎研究への努力を軽視し、企業にも奢りの気分が蔓延し、技術開発への挑戦を軽んじていた。加えて、その後、いわゆる「バブル経済」が崩壊して厳しい景気後退と金融不安に見舞われ、日本政府も、産業界も技術革新への努力どころではなくなっていた。

21世紀に入ると、世界でのイノベーション競争は、一層激しさを増す。米国がこれを先導し、ドイツ、フランス、中国などがこれに続いた。米国では、シリコンバレーなどで人工知能（AI）やビッグデータなどの実用化が急速に展開され、GAFA（Google, Apple, Facebook, Amazon）などが市場を拡大した。製造業に強いドイツでは情報産業との一体化を通ずる「インダストリ4.0」の構想を打ち出した。新興国中国も北京中関村、深圳南山区などでベンチャー企業が活躍し、BAT（Baidu, Alibaba, Tencent）などが市場を拡大していた。

これらの対象領域は、情報通信を基軸に、AI、ビッグデータなどの革新的技術領域を中心に、生命科学、高度医療、宇宙、海洋、新素材、水素利用など広範に及ぶ。諸外国では、政府の支援策が強化され、民間企業も革新技術の開発に意欲的に取り組んでいた。日本は、最近これに気付き、人によっては3周遅れという人さえいるが、ようやく政策努力を払うようになってきた。

日本のこうした遅れは、研究開発関係の諸指標に如実に表れている。

表　主要国の研究開発状況比較

	研究開発投資(兆円)			研究従事者(万人)		
	2000	2010	2015	2000	2010	2015
日本	16.3	17.1	18.9	61.1	65.6	68.3
米国	41.7	45.7	51.2	98.3	120.0	135.2 (2014)
中国	5.1	23.8	41.9	69.5	121.2	161.9
ドイツ	8.3	9.1	11.6	25.8	32.8	35.8
韓国	2.9	5.8	7.6	10.8	26.4	35.6

	特許出願(千件)			自然科学部門の論文発表数(千件)		
	2000	2010	2015	2000	2010	2015
日本	491	468	455	74	74	76
米国	281	433	530	234	304	352
中国	26	308	1,010	30	137	282
ドイツ	135	174	182	66	85	100
韓国	86	178	238	14	40	56

(出典) 文部科学省 科学技術・学術政策研究所「科学技術指標2017」

　この表が示すように、さすが米国は研究開発投資を着実に増大させ、研究論文でも諸外国をリードしている。とりわけ注目を惹くのは中国の急速な拡大である。特許出願では日本はおろか米国をも凌駕し、自然科学部門の論文発表数でも米国に迫る勢いである。ドイツは、研究開発投資ではその規模が米国、中国に比べかなり低いが、

論文発表数ではかなり効率よく成果を挙げている。残念ながら、日本は研究開発投資も、研究従事者も若干増加を示しているものの停滞傾向にあり、特許出願では減少、論文発表数では横ばいとなっている。

　日本がイノベーション力を高めるには、抜本的なシステム改革が必須である。まず技術開発の自前主義を脱却する必要がある。同時に、縦割りを打破しつつ、産官学の連携を強め、海外との研究交流を拡大する必要がある。日本では一度新規開発に失敗すると2度と立ち直れないが、米国のように再度挑戦する機会を与える社会風土を醸成しなければならない。イノベーション人材の強化も欠かせない。新規分野への関心が強く、好奇心が旺盛で、チャレンジ精神に富み、戦略立案能力、実行力が備わっている人材が不可欠である。同時に、基礎的な関連教育機能の充実も、社会人の再教育の機会の提供も必須である。優秀な海外の人材の活用も不可欠である。

　日本は、世界で最も早いスピードで人口減少と高齢化が進む。そこで成長力を持続しようとするならば、イノベーション力の強化以外に道はない。情報通信技術を駆使した新規産業を育成するため市場条件を整備するとともに、競争力が停滞している工業、農業、漁業、牧畜などの再生を図らなければならない。施設介護と在宅介護の連携、在宅介護のシステム化など福祉面での活用にも努めなければならない。自然災害を克服するため、予知機能、救助連携、効率復旧なども欠かせない。イノベーション力の強化こそ今日の急務である。

2019年3月

『アジアの世紀』はやって来るのか、来ないのか？

赤阪 清隆
（公益財団法人フォーリン・プレスセンター理事長）

　赤阪でございます。「アジアの世紀はやって来るのか、来ないのか」という講演のテーマはちょっと雲を掴むようで、恐縮なのです

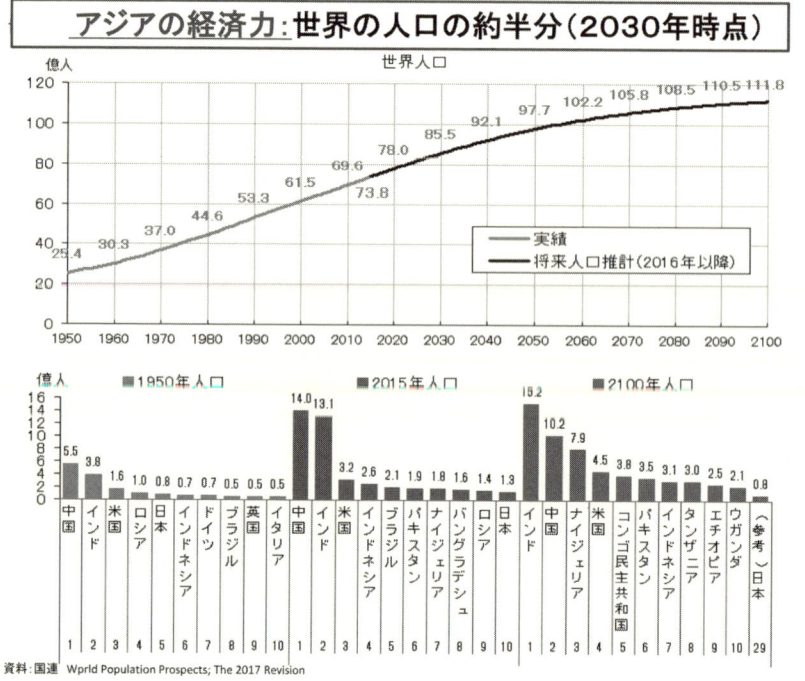

が、まずはデータから申し上げます。アジアの経済力は会場の皆さま方もご存知の通りなのですが、人口で見ますと、国連統計によると2015年の時点で世界の人口は74億人になっています。それが2030年には86億人になる。だいたいその半分がアジアの人口です。2015年の中国の人口は14億人。インドは13億人ですが、これが2100年までの予測では、インドが15億人。中国は10億人まで減る。中国は日本と同じような少子高齢化を抱えております。それからアフリカのナイジェリアは、2015年の段階ではたかだか1億数千万人ですが、2100年には7億9千万になります。アフリカの人口が恐ろしく伸びます。アフリカの人口は現在、約10億人。2100年の段階ではその4倍です。

◇アジアの経済、2050年には世界全体の50％超に

アジアの経済ですが、これは「エコノミスト」誌が2010年に出版した「メガチェンジメント」によると、18世紀の末ぐらいから19世紀初めまではアジアの経済がだいたい世界の60パーセントぐらいを占める。もちろん中国、インドのムガール帝国ですとか、トルコのオスマン帝国などの経済を合わせますと、だいたい6割以上がアジアだったのが、19世紀に産業革命が進むと同時に、西洋の比率がグーッと伸びて、またアメリカも大きく伸ばして、欧米の比率がグーッと伸びた状況が今も続いている。ただし、これが中国の台頭とインドの経済その他、日本、韓国、東南アジアを合わせますと、もうすぐ、また5割の状況が戻ってくる。これは、「エコノミスト」誌が2025年あたりと予測しています。

アジア開発銀行（ADB）は2011年に、「アジア2050」というテーマで「アジアの世紀は実現するのか」というレポートを出しました。これによると、昔は50パーセント以上だったアジアの比率が20パーセントを切るまでになっていたのが、これから2050年に向けて50パーセント以上になる。アジアは、歴史的な転換期を迎えていると指摘しています。

　2050年までにアジアの1人当たりの国民所得はだいたい6倍となり、現在の欧州の水準に達する。そうなれば、アジアでは約30億人が富裕層の仲間入りです。アジアが世界のGDP（国内総生産）に占める構成比は、2050年までに現在のほぼ倍の5割に達します。これが「アジアの世紀がやって来る」と言われる所以であるのですが、ただし、アジア開発銀行は警告を発しています。その前に、GDPのランキングを見ますと、今、名目では世界のGDPは約80兆ドル、そのうちアメリカが19.5兆ドル。アメリカの比率が約4分の1ですね。それで、中国が12兆ドル、3位の日本が約5兆ドルです。それにドイツ、イギリス等が続くのですが、物価を勘案した購買力平価（PPP）で見た場合には、中国が既にアメリカを2014年の段階で抜きました。これは、世銀がレポートして大きなニュースになりました。2位がアメリカで、インドが3位。日本は4位です。それから、2050年の段階になりますと、購買力平価で見た場合、中国はアメリカの約5割増のレベルまで達します。それからインドが2位になり、アメリカを抜いてくる。3位がアメリカで、インドネ

GDPランキング （PPPベース、2014年基準の恒常米ドルベース）

順位(PPP)	2014年 国	GDP(PPP、2014年ベース 10億米ドル)	2030年 国	予想GDP(PPP、2014年ベース 10億米ドル)	2050年 国	予想GDP(PPP、2014年ベース 10億米ドル)
1	中国	17,632	中国	36,112	中国	61,079
2	米国	17,416	米国	25,451	インド	42,205
3	インド	7,277	インド	17,138	米国	41,384
4	日本	4,788	日本	6,006	インドネシア	12,210
5	ドイツ	3,621	インドネシア	5,486	ブラジル	9,164
6	ロシア	3,559	ブラジル	4,996	メキシコ	8,014
7	ブラジル	3,073	ロシア	4,854	日本	7,914
8	フランス	2,587	ドイツ	4,590	ロシア	7,575
9	インドネシア	2,554	メキシコ	3,985	ナイジェリア	7,345
10	英国	2,435	英国	3,586	ドイツ	6,338

出典：２０１５年PwC調査レポート

シア、ブラジルが続く。日本は７位の順位まで下がる。購買力平価の数字ですが、中国、インド、インドネシア、それに、日本、韓国と東南アジア等を合わせますと、アジアの経済は大変大きなものになると予測されています。

◇「アジアの世紀」を先導する中国、30年までに世界一に

中国が経済分野で世界一の座をいつ射とめるか、これは色々な予測が出されておりますが、今、申し上げたPPP即ち購買力平価換算では既に１位です。名目で見た場合に中国がアメリカを抜くのは、大体2030年までと予測されています。これは最近、ブルームバーグが報じておりました。HSBC（香港上海バンキングコーポレーション）という銀行がありますが、HSBCの予測によりますと、2030

中国と米国のGDP成長予測

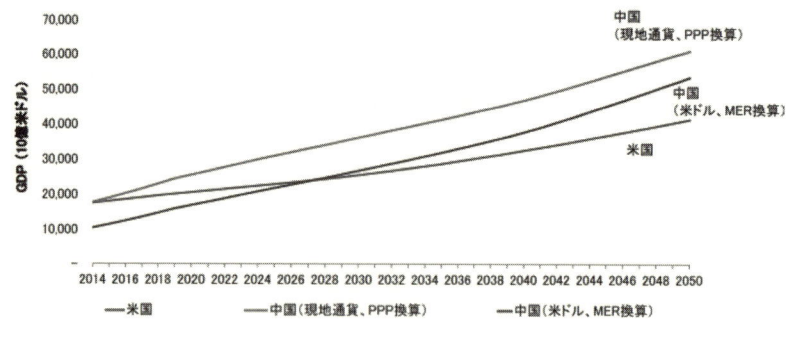

出典：2014年のIMF予測を基にしたPwC分析

年までに中国は米国を抜き、世界一の経済大国になると予測されています。2030年の中国のGDPは26兆ドル。アメリカが25.2兆ドルということで、中国がアメリカを抜き、3位がインドになります。日本はその後で4位、それからドイツというふうに予測されています。まさに、アジアの世紀を先導するかのように中国が伸びていくと予測されているのです。

粗鋼生産を見ましても、2017年の数字ですが、約17億トンのうち、中国の占める割合が約50パーセントです。世界粗鋼生産の49パーセントを中国が占めており、2位が日本で6パーセント、3位がインドでこれも6パーセント、つまり中国、日本、インドが世界粗鋼生産の5割以上を占めている。

自動車を見ますと、自動車生産が世界で2017年に約9730万台。中国での自動車生産台数はそのうちの30パーセントです。2位がアメリカ、3位が日本ですが、2位のアメリカは12パーセント、3

位の日本が10パーセントです。中国が断トツにこういう粗鋼生産とか、自動車の生産とかで大きなシェアを占めている。

　2012年に出ました「エコノミスト」誌の2050年の世界を予測した本「メガチェンジ」によると、グローバリゼーションとともに「アジアの世紀」がやって来る。ですから、6、7年前にアジア開発銀行や、「エコノミスト」誌などが、アジアの世紀がやってくると宣伝しました。「メガチェンジ」によると、どこの科学分野が大事かというと生物学であると言っている。生物学とナノ科学、情報科学、天文学などが結びついて、様々な発見が出てくる。宇宙人もやって来るというような話もありますが、新技術、積層造形技法、3D印刷、遺伝子治療などが主流になると2050年を予測しております。その中で、特に「アジアの世紀がやって来る」ということを華々しく言いました。

　ただ、アジア開発銀行が出したこのレポートは、ちょっと懸念する要因があると言っている。というのは格差の問題で、各国における経済格差の拡大、あるいは「中進国の罠」といった問題を指摘しています。「中進国の罠」とは、ある程度経済が発展し、1人当たりのGDPが高くなると、イノベーションの問題が起こります。その他にも様々な問題があって成長が停滞してしまうという「中進国の罠」に陥るリスクがある。それから、資源の問題、国内の経済格差だけではなくて、地域の中での所得格差、気候変動、政治的問題、ガバナンスなどの問題があるから、こういったものを克服しないと「アジアの世紀」はやって来ないかもしれないという警告は出しておりました。

◇「アジアの世紀」を支える文明とは

　さて、「アジアの世紀」を支える文明とは何か。サミュエル・ハンチントンが、1992年頃に非常に注目を浴びました「文明の衝突」の中で、九つの文明を挙げています。1つはもちろん西洋文明です。アメリカ、ヨーロッパを含んだ西洋文明。そしてロシアの東欧正教会の文明、それからイスラム、アフリカ、ラテンアメリカ、中華、ヒンドゥー文明、仏教文明と続きます。仏教文明は、モンゴル、チベットですとか、タイなどの東南アジアが仏教文明圏に入ります。ハンチントンは日本文明も1つの文明と捉えて、分類したのです。このうち、今アジアと私が言っているのは、日本、中国、仏教文明

世界の主要文明とその推移

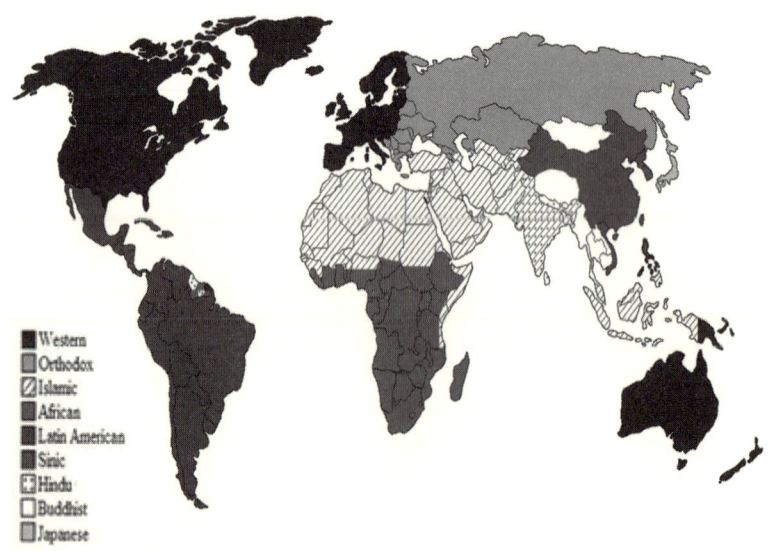

The clash of civilizations according to Huntington (1996), as presented in the book "THE WORLD OF CIVILIZATIONS: POST-1990"

圏、それにインドを含みます。元々、アジアの国というのは、ヨーロッパ人が今のトルコないしは、イラクあたりから東の国々をみなアジアと言ったので、そのアジアの定義というのは、はっきりしているわけではありません。スポーツのアジア大会とか、アジアの色々な集まりもどこまでアジアとするか定義がはっきりしているわけではないのです。だいたいアジアの問題というのは、インド、パキスタンあたりから東の地域のことです。東アジアと一括していますが、その中には様々な文明圏が含まれている。これは、ヨーロッパ文明という時に彼らの頭には、ローマ帝国やギリシャ文明の影響、さらにはキリスト教という共通項があるのに対して、アジアというのは、様々な文明が混雑しています。共通項がなかなか見つからないという問題は、のちほどに詳しく話したいと思います。

それで、文明がどのように発展してきたのかについて、多くの学者が様々なことを最近言っております。面白いのは、例えば、環境が文明を発達させたというジャレド・ダイアモンドの本です。今でもベストセラーの中に入っていると思いますが、「銃・病原菌・鉄」。「文明崩壊」という本もありますが、日本の梅棹忠雄の「文明の生態史観」のように、地理とか環境が文明を形付けると主張しています。また、文化、宗教が要因だという説もあります。マックス・ウェーバーの「プロテスタンティズムの倫理と資本主義の精神」という本も有名ですが、デービット・ランデスは文化が要因と言っています。

ニーアル・ファーガソンという人は、イギリス人でオックスフォ

ード大学を出て、それからアメリカのハーバード大学で教えて、今、スタンフォード大学で教えていますが、非常にメディアで活躍している人で、ユーチューブをご覧になると、「文明」というBBCのシリーズの別の制作で、彼自身が西洋文明の衰退を説明するのが見られます。それから、「西洋文明は過去の遺物となったのか」という面白い彼の講演もあります。ユーチューブで見られます。彼は、西洋文明というのは、競争、科学進歩、法の支配、近代医学、消費者社会、労働倫理と貯蓄という6つの必殺要因があったから世界を牛耳ることになったのだが、これが今弱まって、西洋文明はもはや過去の遺物となりつつあると言う。

　大英帝国は18、19世紀に世界を支配したわけですが、2013年にロシアのプーチン大統領が、「イギリスがなんか言っているが、イギリスなんか大西洋に浮かぶ小さな国でしかないから、気にする必要もないよ」と言ったことに対し、イギリスのキャメロン首相が怒ったのですね。「何を言うか、イギリスは小さな国かもしれない。しかし、イギリスには誇り高い歴史があり、大きな心、あるいは精神的持久力を持っている国なのだと言って良い。欧州からファシズムを追い出し、奴隷制度をなくし、産業革命をはじめ、多くの発明を行い、現在、世界で行われているスポーツはテニスもそうだがサッカー、ラグビーもそれをみな発明した。なお、芸術、ミュージック面では、例えば、シェイクスピアもあるし、ミュージックではビートルズもある。それほど貢献している国なんだ、と。日本で大英帝国の遺産というのを、彼は反論に使ったわけけれど、産業革命、議会制度、自由貿易制度、エリート教育、自由と規律、英語、シェ

イクスピア、スポーツなどイギリスはこういう遺産を残して、表舞台から退場したわけです。

◇大英帝国を継いだ「アメリカの世紀」の価値観

それに代わった20世紀のアメリカの世紀というのは、どういうものであるのか。どういうものをアメリカがつくろうとしていたのかというのは「独立宣言」を見たらわかります。アメリカは自由と平等、民主主義、法の支配、基本的人権、自由貿易制度、国連などをつくりました。世銀、IMF（国際通貨基金）というブレトンウッズ体制もつくったし、マーシャルプランでヨーロッパの戦後復興を助けたのも、OECD（経済協力開発機構）をつくったのもアメリカです。自動車産業、宇宙開発、インターネット、ジャズ、ミュージカル、ファストフードなどでアメリカならではの遺産を残しました。このアメリカが表舞台から退場しようとしています。先ほどのニーアル・ファーガソンが西欧文明の衰退と言った時に、西洋とともにアメリカを含んでいるのです。

「アメリカはもはやリーダーではない」と10年前に、ファリード・ザカリアが指摘していました。彼の著書「アメリカ後の世界」で、アメリカはもはや世界のリーダーではない、中国だとか世界のその他の途上国がどんどん台頭してきているから、もはやポストアメリカの世界が築かれつつある、と主張しました。今から11年前に既に彼は警告を発していたのです。この時、人々はあまり聞いていなかった。というのは、アメリカの将来について色々な人が色々なことを言いました。当時、シンガポールの首相を務めたリー・ク

「アメリカ後の世界」（ファリード・ザカリア）

（徳間書店, 2008年）

世界は今、近代に入って3度目のパラダイム転換に直面している。アメリカ一極支配の構造が、着実に崩れようとしているのだ。これはアメリカの凋落ではない。「その他すべての国」の台頭なのだ。アメリカが自信を失う一方で、途上国経済は衰えを見せず、中国・インドといった新興の大国は影響力とナショナリズムを強めている。すなわち反アメリカではなく、「アメリカ後」の世界が築かれつつあるのだ（Google Booksよりの引用）。

アンユーは、アメリカに代わる国はない、ということを言っていました。それから、日本でも有名なジョセフ・ナイは、経済的に中国に負けることがあっても、軍事力とかソフトパワー面では、アメリカのリーダーシップはこのまま続くということを言っていました。ただ、その状況が10年たった今、がらりと変わりました。これは去年でしたか、「フィナンシャル・タイムズ」紙にマーティン・フォルフさんという名コラムニストがいますが、トランプ政権が誕生した後、ヨーロッパとアメリカの間に共通価値観を持ったはずの西洋はバラバラになり、今は瀕死の状態で、アメリカ中心のリベラルな国際秩序は終わったようだ、というのを大きく言い出しました。

さて、そのアメリカ中心のリベラルな国際秩序というのはどうい

うものかと言うと、それは2つの要素で支えられています。1つは共通の価値観です。民主主義とか基本的人権ですとか、法の支配。それから共通の組織です。資本主義、市場経済、それに国連ですとか、ブレトンウッズ体制です。それに気候変動に関する枠組み合意のパリ協定のような、様々な国際条約、合意文書、そういったものに支えられてきました。

◇リベラルな秩序を揺るがす多くの難問

　そのリベラルな秩序を揺るがすような難問がたくさん出てきています。その1つがもちろん、中国の台頭ですし、トランプのアメリカン・ファーストという政策です。ロシアがウクライナ南部のクリミアを併合したのが、2014年。北朝鮮の核開発について国連安保理が何度も決議を決めて制裁を出しても北朝鮮は言うことを聞かない。米中貿易戦争を経て、WTO（世界貿易機関）もガタガタになりつつあります。シリアの内戦、中東和平、気候変動、経済格差、難民、さらには最近では南米ベネズエラの情勢とか、インドとパキスタンとの軍事的対立。こういった問題がリベラルな国際秩序を揺るがすようになっている。そのリベラルな国際秩序を誰が揺るがしているのかというと、ご存知の通り、中国指導者の習近平であり、ロシアのプーチン、イラン大統領のロウハニ、トルコのエルドアン、シリアのアサド、フィリピンのドゥテルテ。ブラジルのボルソナロ、ベネズエラのマドゥロ。こういった人物がこれまで安定していたはずのリベラルな国際秩序を揺るがせており、特にこの人を挙げないわけにはいかないのが、トランプ大統領です。

どういうことかというと、トランプ大統領はマルチの国際的な秩序を揺るがすような政策を次々に取ってきました。オバマ前政権時代から交渉を続けていたTPP（環太平洋連携協定）からの離脱、気候変動に関するパリ協定からの離脱、ユネスコ脱退、国連パレスチナ難民救済事業機関（ＵＮＲＷＡ）への資金的な拠出を停止。さらに、イラン核合意から離脱し、アメリカのイスラエル大使館をテルアビブからエルサレムに移転したほか、国連人権理事会離脱、WTO上級審の裁判官指名拒否、国際刑事裁判所への制裁警告もありました。ICJ（国際司法裁判所）の裁定後、イランとの1955年友好条約も破棄しました。「我々はグローバリズムのイデオロギーを拒絶し、愛国主義を尊重する」と、トランプ大統領は昨年９月の国連総会で演説しました。最近ではロシアとの中距離核戦力（ＩＮＦ）全廃条約を破棄しました。国際的な合意をどんどん破棄するに至って、マルチの経済、安全保障、その他文化的な体制も大きく揺らいでいる。その結果、これからの世界は昔のような安定したリベラルな国際秩序に頼ることが出来ない。果たしてこれからどのような秩序が出てくるのでしょうか。

◇「リーダーがいない世界」はどうなるのか

イアン・ブレマーという方は新聞によく登場する人で、アメリカの政治学者でユーラシアグループの社長ですが、彼は現在は「誰もリーダーがいない世界だ」と言う。そこにはグローバルなリーダーシップが存在せずに、多くの国々が局地的、地域的な問題にしか取り組まない。それぞれがバラバラで、アメリカはアメリカのこと、

これからの世界はどうなるのか？

「Gゼロ後の世界―主導国なき時代の勝者は誰か」(イアン・ブレマー)
グローバル・リーダシップが存在せず、多くの国々が局地的、地域的な問題にしか取り組まない。

「ポスト西洋社会はどこに向かうのか」(チャールズ・カプチャン)
The twenty-first century will not be America's, China's, Asia's, or anyone else's; it will belong to no one.

「米中戦争前夜――新旧大国を衝突させる歴史の法則と回避のシナリオ」(グラハム・アリソン)
「トゥキュディデスの罠」にはまって、米中は戦争の危機にある。

22

中国は中国周辺のこと、ロシアはロシア近辺のことしか取り組まない。それから、アメリカの外交問題評議会のシニア・フェローのチャールズ・カプチャンは、『ポスト西洋社会はどこに向かうのか』という本で、「21世紀はアメリカの世紀ではない」と言う。アジアの世紀、中国の世紀でもない。誰の世紀でもない。21世紀は誰にも属さない。誰にも属さない世界がやって来るということを言っている。

　さらに、アメリカと中国が戦争するかもしれないということを言って評判になったのが、グラハム・アリソン・ハーバード大学教授です、古代ギリシャの歴史家のトゥキュディデスにちなんで「トゥ

キュディデスの罠」を言い出しました。「トゥキュディデスの罠」というのは、昔、ギリシャではスパルタが覇権を握っていて、そこにアテネがどんどん台頭していった。それに恐れをなしたスパルタがアテネと戦争を起こし、ペロポネソス戦争というのが勃発した。それと同じように、覇権を握っているアメリカを前に中国が台頭してきた。この台頭してきた国と覇権国の間で戦争が起きるかもしれない。なんとかの罠というのが、中国について最近、よく言われます。「トゥキュディデスの罠」のほか、先ほど言った「中進国の罠」。さらに「タキトゥスの罠」。ローマ時代、政治家のタキトゥスが言ったというのですが、「政府が信用を失っている時は、何をしようと国民は何も信用しない」。この「3つの罠」にはまる恐れがあるので、中国の将来は危ういと議論する人もいます。いずれにしましても、これからの世界はかなり不安定な世界になるだろうと言われています。

　アメリカ外交問題評議会のリチャード・ハース会長は、今、ナショナリズムとかポピュリズムが蔓延しているが、これらの状況を見ると、昔の安定した国際秩序をもう一回構築するのはもう不可能だ、もうあきらめましょうと言っている。「昔のリベラルな秩序をもう一度再構築するために日本も頑張ってください」と米国の知日派のアーミテージが言っていますけれども、中国の動きを見ていると不可能だということをハース会長が言い出しました。

◇「世界一の大国」を目指す中国への西側の疑念

　では、中国はどのような国になるのか。ニューヨーク・タイムズ

紙の名物記者トマス・フリードマンが、習近平が国家主席になる前に「ニューヨーク・タイムズ」に、彼の意見を出した。その内容は、アメリカの夢というのは、ビッグハウス、ビッグカー、ビッグマックを指す。中国人がこれと同じ夢を持ったら今の地球が1つでは足りない。もう1つ地球が必要だという。中国の14億の人たちがこういうことを望みだしたら大変なことになるぞ、彼らはどんな夢を持つのかと彼は聞いた。面白いことに習近平の「中国の夢」というのは、それから暫らくして出てきました。

　いずれにしても、中国の将来については、リベラルな国際秩序に挑戦するのか、普遍的な価値を認めるのか、覇権国たる米国にとって代わろうとするのか、ここらへんがわからないところです。わか

「中国の夢」 Chinese Dream

「小康（ややゆとりのある）社会の全面完成、富強・民主・文明・調和の社会主義現代化国家の完成という目標の達成、中華民族の偉大な復興という夢の実現は国家の富強、民族の振興、人民の幸せを実現させるものである。中国の夢とはつまり人民の夢であり、人民と共に実現し、人民に幸せをもたらすものだ」
－　2013年3月17日、習近平国家主席

（2021年：中国共産党創立100周年）
（2049年：中華人民共和国建国100周年）

The Economist, May 4th, 2013

1793年、広東におけるイギリスの東インド会社の利権を拡大する目的で派遣されたマッカートニー使節団は、乾隆帝に謁見するものの叩頭の礼などをめぐって清国側と対立、結局使節団としての使命は果たせなかった。

らないけれども、中国はどうなるかと心配しているのですが、さて、「中国の夢」というのは、習近平の演説では、ややゆとりのある社会（小康社会）を完成させることだという。中国は、2021年に共産党成立100周年を迎えます。それから、2049年に中華人民共和国の建国100年。2049年あたりにアメリカを抜いて、世界一の経済大国、軍事大国になろうとしているのではないか。そして大国になった中国は何をするのだろう。

　1793年、乾隆帝の下にイギリスが貿易の為の開港を求めて、マッカートニー使節団を派遣したのですが、この乾隆帝は彼ら外国人に対して、「三跪九叩頭の礼」（3回跪いて、3回頭を地につけて、それを3回やる。つまり3回跪いて、9回頭を地につけるという礼）を取れというのですが、マッカートニーは拒絶するのです。拒絶するのですが、乾隆帝とは会うことが出来た。ただ結局は、貿易面での合意を得ることは出来なかった。あの乾隆帝みたいなことを習近平は考えているのだろうか、昔の清朝の一番盛大な時代のそういうことを2049年あたりに、もう一度つくり出そうとしているのか。

　そういう疑念が西側にどんどん強くなっている。特に今、リベラルな国際秩序を支える国連ですとか、OECDですとか、世界銀行、IMFといったものに対して、中国は、AIIB（アジアインフラ投資銀行）とかブリクス（BRICS）銀行もつくったし、今は「一帯一路」構想でまさにリベラルな国際秩序に挑戦するかのように、新しいプロジェクトをどんどん打ち出している。

　2015年から2017年あたりが西側の考え方が中国に対して非常に

厳しくなる転換期だったと思います。米国防総省にマイケル・ピルズベリという中国軍事戦略専門家がいたのですが、彼は2015年2月、「百年のマラソン」という論文を書きました。これは、アメリカが今まで間違っていたという衝撃の論文で、「中国を助ければ、国際秩序に靡いてくる。中国は民主化の途次にあり、中国は脆弱な花だ、中国のタカ派は力が弱いということで、中国を助けようとやってきたけれども、我々は中国にごまかされていたのだ」と。中国はこんな国ではなくて、世界の覇権を狙っているのだという論文を書いた。このマイケル・ピルズベリが今働いているのは、なんとアメリカ有力シンクタンクのハドソン研究所です。ハドソン研究所というのは、昨年（2018年）の10月に、ペンス副大統領が中国に対して厳しく批判的な演説をしたが、このピルズベリが同演説の背景にいるのではないかと言われています。

「ニューヨーク・タイムズ」紙も去年の2月、アメリカのこれまでの中国に対する融和政策は失敗だったと言っている。中国に対して中国は協力すれば自分たちのリベラルな国際秩序に近づいてくると思うのは失敗だったと言っている。中国は独自な路線を歩み、リベラルな秩序に挑戦するということを「ニューヨーク・タイムズ」の社説が書き、ここらへんからアメリカの中国に対する見方が非常に厳しくなります。

そうして、ペンス副大統領が昨年10月ハドソン研究所で、「中国はアメリカを様々な操作で、技術移転だとか知的財産の窃盗だとか、盗人のようにアメリカを騙してきた」という、中国に対する非常に厳しい批判演説をやったわけです。これは、昔、チャーチル（イギ

リス首相)のソ連に対する「鉄のカーテン」演説に相当する重要演説だと言われています。

「フォーリン・アフェアーズ」誌の今年2019年1月号を見ましても、同じような論調が出ています。そこには、中国はアメリカにとって代わろうとしない、ただ、アメリカを中国の勢力圏の東アジアから追い出そうとしている。リプレイスするのではなくて、ディプレイス。中国はアメリカを追い出したい、という見方をする論文を載せています。

◇「アジアの世紀」は終わったと米国の専門家

最後に「アジアの世紀はやって来るのか、来ないのか」という話に戻ります。

アジアの世紀は終わった、もうそのようなものは来ませんと言うことを2017年に、マイケル・オースリンが言っている。マイケル・オースリンというのは、アメリカエンタプライズ研究所の日本研究部長だった人ですが、「The end of the Asian century」で、アジアの世紀なんてもう終わったよと衝撃的な論文を出したのです。

彼が言うには、アジアには経済、人口、政治、地域統合、戦争のリスクがある。景気低迷、政情不安、軍事的緊張といった目に見えない脅威にさらされている。このアジアの様々なリスクは、アジア開発銀行が気を付けないと危ないといった要因と同様のものですが、これらがまさに顕在化している、と彼は言い出した。

その彼が言った5つのリスクですが、特に、経済面で、不良投資

アジアのリスク地図

「一見すると活気あふれる平和なこの大陸は、景気低迷、政情不安、高まる軍事的緊張といった、目に見えない脅威にさらされている。。。。厳しい言い方をすれば、今日の我々が目にしているのは、「アジアの世紀」の終焉の始まりかもしれない」
― マイケル・オースリン「アジアの終わり」

出所："The End of the Asian Century" by Michael R. Auslin

アジアの抱える5つのリスク（経済、人口、政治、地域統合、戦争）を指摘し、これらのリスクがうまくマネージされ、減少され、アジアが自由で民主的な国々の集まりとならない限りは、世界に貢献する「アジアの世紀」なるものはやってこず、アジアの将来は危機に瀕すると説く。しかし、改革が成功する（中国の民主化、自由化も含めて）ならば、安定的なアジアの世紀も可能だという。

ですとか、バブルですとか、国営企業とか様々な問題を抱えている。人口リスクもあります。人口が増えていく地域もあれば、どんどん減っていく中国や日本、韓国のような国もある。政治改革も挫折している。権威主義、汚職など様々な問題を抱えている。地域的共同体が無い、戦争の可能性もあるという、このリスクを克服しない限りはアジアの世紀は終わった、というのが彼の説明です。

　そうすると、アジアは様々な文明と様々な国、様々な言語、様々な要素を抱えたまま、経済レベルでは世界の5割を超えて、アジアの世紀が来るように思われるが、何が共通項としてあるのか。食べ物は、小籠包とかインドカレーとか、アジアの食べものというのがあり、こういうのは世界に広められるかもしれません。

一　アジアは、世界に何を遺せるのか？

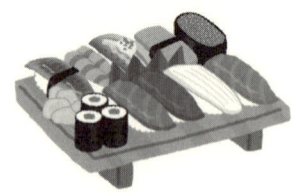

あるいはお箸の文化。日本、中国、シンガポール、ベトナム、タイ、ラオス、カンボジア、モンゴル、朝鮮、台湾とたくさんの国が箸を使っています。

◇アジア的価値観を世界に広めることは可能か

日本、韓国、台湾、シンガポール、ベトナムは漢字圏です。法政大学の王敏教授は、漢字の文化圏というのはもう少し広められるのではないかとおっしゃっています。それから、ポップカルチャー。こういうのがアジアの文化として共通性がある。

アジアの価値観というのを昔はリー・クアンユーやマハティールが言い出し、日本でも様々な人がアジアの価値を論じたことはあるのですが、アジアの価値論は欧米から大変な批判にさらされました。特に日本経済の低迷と1997年のアジア通貨危機を契機に、個人の

自由、人権の軽視、父権主義、市場メカニズムへの介入などと批判された。

　じっくり検討すれば、世界に広められるようなアジアの価値観というのはあるかもしれない。ただ1970年代から1980年代のように世界の西洋文明の価値と両立しない形でアジアだけに通用するものを探した場合は批判される、あるいは無視される恐れがあります。ですから、西洋文明の価値と両立するものを探す必要がある。

　西洋でも、ロバート・スキデルスキーというイギリスのウォリック大学の教授が、「十分豊かで、貧しい社会、理念なき資本主義の末路」という本を2014年に出しました。それから、ジョセフ・スティグリッツのグローバリズム批判。この人たちは、様々なアジアの価値を含む主張をしています。必ずしも、アメリカ人に我々が抱くようなイメージ、すなわち、飽くなき欲望、仕事、お金、消費と浪費で、自然破壊だけではなくて、心地良いような暮らしを追求すべしとロバート・スキデルスキーは言っているのです。「健康」「人生の安定」「人から尊敬を受ける事」「人格、自己の確立」「自然との調和」「友情」、それから「レジャー」を大切にすべしと主張しています。ここらへんは、先ほど言いましたアジアの我々が重要視するような価値と共通項があります。こういうものを探すとアジアの価値というのが他の地域にも通じるのではないかと思います。

　ベトナムのグエン・スアン・フック首相は、日本経済新聞が毎年開催している「アジアの未来」という重要なシンポジウムで2017年、「グローバル化がもたらした種々の課題に対処するため、かつてシンガポールのリー・クアンユー元首相が指摘したように、勤勉、教

育熱心、家族の連帯といったアジア的な価値観を守り、広めることでアジアのソフトパワーを強めることが重要だ。国の大小や人種、性別と関係なく誰もがアジアの夢を語れる将来は必ず訪れると信じている」と非常に楽観的な見方をしています。

◇日本はインド太平洋構想をどう進めるべきか

　私は「アジアの世紀」が来るためには、中国の将来がどうなるか、中国が民主化するのか、リベラルな国際秩序を包摂するのかどうか、日中韓の間で協力できるのかといった問題の解決が重要だと考えています。さらには他のアジア諸国の民主化、ガバナンス改革、アジアの安全保障体制なるものか出来るのかどうか、アジアの自由貿易圏なるものをつくれるのかどうかということを考えると、アジア共通の、今言ったアジア的価値、文明の確立も含めて、これは相当難しいのではないかと思います。それではアジアの世紀は、先ほどのマイケル・オースティンが言うように、「アジアの世紀はもう来ない」というほど悲観的ではありません。

　日本には、リベラルな国際秩序を維持するために役に立つところがあるということをフランシス・フクヤマとかアーミテージが言っているのですが、これをやっても先ほどのような大きな障害というのを乗り越えるのはなかなか難しい。私は最近思うのですが、「アジアの世紀」というものは当面来なくて、「中国の世紀」がやって来る。中国が世界のリーダーになる時代がやって来る。その時には、中国はどのような世界をつくろうとしているのか、そこが分らないのが一番の問題ですが、今、中国が「一帯一路」を進める中にあっ

て、日本は安倍晋三首相の下で、「自由で開かれたインド太平洋」、という外交構想を出しています。これは、色々な所で、アメリカのトランプ大統領もインド太平洋構想というのを言い出しましたし、アメリカもこの構想に乗ってきている。この間、私が今勤めているフォーリン・プレスセンターでシンポジウムをやりまして、この自由なインド太平洋構想なるものは、どういうもので、中国がやろうとしている「一帯一路」と中国の動きとどう関係するのかを様々な人が議論しました。日本が自由で開かれたインド太平洋というものを推し進めるに当たって、中国に対抗するというのでは、中国側から反発が出ますし、なかなか難しいだろうと思います。

中国も賛同するような形で、このインド太平洋構想なるものを進

「アジアの世紀」が到来するための条件

- ◆ 中国の民主化、リベラル国際秩序の包摂

- ◆ 日中韓協力

- ◆ 他のアジア諸国の民主化、ガバナンス改革、国際協力

- ◆ アジアの安全保障体制の確立

- ◆ アジアの自由貿易圏

- ◆ 共通のアジアの価値、文明の醸成

めていかなくてはなりません。これには３つの側面があります。１つは価値のシェアリング。価値をシェアリングするというインド太平洋構想。これは、自由、法の支配、民主主義で、アメリカとか日本とかオーストラリアとかニュージランドとか韓国とかインドを含める事が出来ます。ただ、価値をシェアするという意味では、中国を巻き込むのは難しい。２番目に、規範のルールをシェアする。これなら、アメリカ、日本、オーストラリア、韓国、ニュージーランド、東南アジア諸国、インド、さらに部分的に中国を巻き込むことも出来る。

◇「良いとこ取り」の中国への警戒と対応

　ただ、中国に対して気を付けなければいけないのは、中国は"Cherry picking"といわれる「良いとこ取り」をやる傾向がある。今、中国は自分に都合の良いところを探して、そこから何かを得ようとする。自分に都合が悪いところについては参画しようとしない。アメリカがちょっと無視しているような地域、例えば、アフリカとか、中央アジア、そういう所に中国は、いつの間にか力を伸ばそうとしている。

　もう１つはテーマです。アメリカが苦手な部分、例えば、気候変動です。アメリカがパリ協定から離脱するといったら、中国は力を入れだす。WTOについても同じです。テーマでアメリカの軽視する所、無視する所、苦手な所で力を尽くそうとしている。そういう面では、規範をシェアするという面ではある程度、中国を巻き込むことが出来る。

3番目は利益のシェア。これは、利益をシェアできるなら、中国も、アメリカも、日本、オーストラリア、韓国も皆、インド太平洋構想を進めることが出来る。この3つの側面で、パートナーを変えるやり方が良いのではないのか。必ずしも、中国に対抗する必要はない。中国と正面から衝突する必要はないという考えが、たくさんの人から出ています。今後の日本の戦略ですが、南シナ海に於ける航行の自由、開発援助、サイバーセキュリティーの確保、自由貿易の推進、多角的なシステムの擁護。東シナ海できちんとした防備を固めること、民間セクターによる投資あるいはバリューチェーンを強化することなどが考えられます。そういうことをすることによって、中国もどんどん関与させる必要はあるのですが、こういうふうにするとアジアは纏まって「アジアの世紀」になるものが生まれてくるでしょう。大英帝国とか、アメリカの世紀に比べると、かなり難しいかもしれません。むしろ、「中国の世紀」がやって来そうな気がする。その時には私はこの世にはいませんが、若い皆さん、頑張ってください。以上で私の講演を終わります。

第8回アジア・ユーラシア研究フォーラム

赤阪清隆氏の講演後の質疑応答

　遠藤　いろいろな角度からさまざまな問題を整理して戴き、大変勉強になりました。私はアメリカに10年、中国に13年の駐在なので、米中両国しか知らないのですが、昨年（2018年）は3回、シンクタンクの関係で中国と交流しまして、一部の方にご報告したのですが、特にトランプ米大統領が対中政策でキツイことを言うが、「いつまで続くのか」という質問を至る所で受けました。私は「絶対これは長く続くと思う、しかもトランプ大統領が代わっても変わらない、米中関係は変わってしまっている」と答えました。米中間は今や貿易戦争ではなく覇権戦争になっている。そういう環境で、今は日中関係がものすごく良いです。私も、本当にびっくりするぐらいです。「日本万歳」と一緒にお酒も飲みました。最後は10月に中国名門大学の清華大学で交流しましたが、先方は非常に冷静に見ています。やはり、アメリカとの関係が非常に重要なのですね。でも当分ダメだ、日中両国でいろいろなことをやりたいと言う。
　訪中で感じた二つ目は、中国は今、量から質の時代に移ってきている。これには日本がパートナーとして一番良い国だというのです。

私が長く商社にいたものですから感じるのですが、今までで一番良い雰囲気かもしれません。

　次にトランプさんですが、安倍さんを中国に行かせているわけですね。安倍さんとの人間関係があるからかも知れません。トランプさんはやるべきことをちゃんとやっている。感心している時は感心しています。米中関係は、アメリカの建国以来ずっと良かった。今が本当に一番悪い時期になっている。これは日本がいろいろな意味で、赤阪先生もおっしゃいましたけれども、アジアのために、あるいは、中国のために、世界のために、やっていくチャンスだなと思いました。質問ではなくてすみません。

　赤阪　有り難うございます。日本も中国を敵視するのではなくて、中国を引っ張り込むために、働きかけなくてはいけないという人もたくさんいました。去年、あるいは二年前の2017年、2018年あたりですね。もう中国はそう言っても、我々の思っている方向には向いてこない。中国は独自の路線を進む。あきらめた方が良いという考え方がかなり強くなっています。去年あたりからアメリカの相当な立場の人が言い出しましたから、例えば、トランプ大統領が退陣して別の民主党政権の人になっても、中国の覇権争いというか、この対立関係は続きそうな感じがします。

　遠藤　ただ、赤阪先生、2000年に私は商社を辞めまして（香港の財閥・長江実業グループを率いる）李嘉誠という人の会社にいますが、中国の方は、知らない人に言うことと本当に知っている人に言うことは違うのです。ですから、パブリックに言わなくてはいけないことを言う。日本が報道しているのは、それしかないのです。

裏があったり、本音があるのです。ここがもっと言っていただきたいところです。中国は自分たちだけでやっていけると思っていないし、中国の覇権世界が出来るとは思っていないと思います。

赤阪 有り難うございます。

松本 一つ質問です。赤阪先生、大変貴重なお話をありがとうございました。私は最後に果たすべき日本の役割として、先生も結論部分で力説されていましたように、自らの国益を追求するべきだと思います。防衛費を増やし、自衛力を高める必要があるというふうなことは、私は、櫻井よしこさんが産経新聞に昨日書かれたように、いわゆる日本国は独自の独立国として、日本国の憲法をちゃんと日本人として制定しなくてはいけないと考えています。今の日本国憲法は与えられた憲法でないのかという指摘を随分やられています。国力を維持していくにはどうしても国際的な意味でも、日本の現行憲法を改正しなくてはならないのではないか。これがやはり、対中国に対しても十分な発言力に繋がると私は思っています。このあたりのことについての先生の御見解はいかがですか。

赤阪 憲法改正については、憲法改正が出来るならばそれに越したことはないと思いますが、今、憲法改正しなくても憲法改正をしても、現実は変わらないわけですよね。日本人のほとんどは、自衛隊の存在を認めておりますし、集団的自衛権も認められるようになりました。憲法改正というのは、気持ちの上で、憲法改正した方がすっきりするという、それはそうですよね。現行憲法には自衛隊という言葉は出てこないし、9条2項を読むと、軍隊を全然持ってはいけないと率直に述べていますからね。そういうものを精神的にす

っきりするために憲法改正をするというならば良いのですけど、憲法を改正してもっと日本の自衛力を高め、場合によっては核兵器を持つのであれば、それは政策面では良くないチョイス（選択）だと思います。

　ただ、憲法改正もいろいろな人が言っています。英国人ジャーナリストのビル・エモットさんは元々エコノミスト誌の東京支局長だったのですけど、「なんで改正するの、日本は今ちゃんとうまくいっているじゃないの、憲法改正して何をしようとしているのか」と彼は仰っておりました。見る人が見たら、日本はちゃんと自衛力を高めて、集団的自衛権も確立させて、いざとなったらちゃんと国が守れるようになっているのだから、何のために無理をするのか。無理をしない形で憲法改正が出来るならば、それに越したことはないと思います。僕も憲法改正はしてほしいと思いますが、無理をして日本の国民を二分するような形で、すべての外国が誤解するような形では、やる必要はないのではないかと思います。だから、安倍総理もそんなに無理をしているわけではないのではないですかね。どうでしょうかね。

　高杉　どうもありがとうございました。今日のお話は、歴史的に「イギリスからアメリカへ」、「アメリカから中国とかアジアへ」という流れの話なので、「アジアの世紀」になった時に一体、誰がヘゲモニーを取るのかがポイントと思います。今、お話されたように日本が取るべきだし、われわれ日本人から見るとそう思うのですが、私は日本に媚びては駄目だと思いますね。

　それでは、どこがパートナーかと言った時に、例えば、音楽と言

えば、西洋音楽という一つの塊になるのですが、東洋音楽といった時にはバラバラですよね。東洋音楽はアイデンティティーがあるから、なかなかまとまりにくいです。それだけ、アジアというのは先ほど、いろいろな共通点があると言いましたけれども、幾つかの国ごとに違って、特に経済格差とかがあって一つになるのがなかなか難しい。その中の先進国の日本が、どのような方法で我が国をつくっていくのかがポイントだと思うのですね。どこの国が、誰が、先ほどインド太平洋戦略の話がありましたけれども、ここで言うその「シェアリングバリュー」、「シェアリングルール」、「シェアリングプロフィット」という3つの観点から、どこと一緒に繋がれるかということを把握する。先ほどお話しなさったと思うのですけれども、今日の日韓関係を見ても、日中関係を見ても、非常に難しいですね。ですから、いつまでにというのはなかなか難しいことですが、日本がどこまで力を付けて、その説得をしていくかというところに日本のリーダーシップを発揮する場があると思うのですけれども、たぶん一国では難しい。だから、早くパートナーを見つけて一緒になって核をどんどんつくって、そして一つにしていく。そういう戦略が良いと思う。

赤阪 高杉様のおっしゃる通りです。全くおっしゃる通りです。私が徐々に「アジアの世紀は来ない」と言い出したのは、リーダーシップを取る国がないからで、中国は、そういうつもりはどうもないようで、皆と一緒に協力して、安全保障体制とかいうものを確立しようというそういう気持ちがさらさらないですよね。そういうのではなくて、日本はインド太平洋のような小さな国を合わせてイニ

シアチブを取って、少しは存在感を示すことが出来るかもしれませんけれども、そこには全面的には、中国は入ってこない。難しいですね。日本がパートナーとして、オーストラリアとかニュージーランドとかに呼びかけている。安全保障でも、自民党元幹事長の石破茂さんが最近おっしゃっていましたけれども、彼が元防衛庁長官だった時も、安全保障についてアンザス条約（米国を含む3国間の相互安全保障条約）というのがありますね。オーストラリアとニュージーランド、アメリカとの防衛協定ですけど、それにジャパン（日本）を入れて「ジャンザス」にすることを考えたらどうかということを検討したことがあると仰っていましたが、日本とオーストラリアとニュージーランド、それから東南アジアということで、ちょっと小アジア的なこのイニシアチブを取っていくしかないかもしれませんね。中国と一緒に、日中韓で何かやろうと言ってもこれは何年かかるかわからないというか、むしろそういう間に、中国がどんどん2030年ぐらいに世界一の経済大国になりますから、中国から見ると、日本やオーストラリアはちょこちょこと何しているのかと思われるかもしれませんね。

第8回アジア・ユーラシア研究フォーラム

総括・閉会の辞

谷口　誠（アジア・ユーラシア総研特別顧問、元国連大使）

　どうも、今日はありがとうございました。本当に素晴らしい講演を頂いて、非常にコンプリヘンシブ（包括的）なアプローチで、とても感銘を受けました。この資料を私も読ませて頂いて、特に色刷りの具合は本当に素晴らしいと思いますし、これだけの資料を集められたというのは、大変なことだし、われわれにもいろいろと参考になります。

　私は一つの結論として、講演された赤阪さんにお尋ねしたいのは、例えば、この間、赤阪さんのフォーリン・プレスセンターでやられた「自由で開かれたアジア太平洋戦略」をテーマにしたシンポジウムですね。これは、安倍晋三首相がおっしゃった価値観外交。これは、やはり外務省では価値観外交は勧めないと。価値観というのは、欧米の価値観をアジアに押し付けるというやり方はまずいというのが、最近の外務省の考えだし、それから自由で開かれた繁栄のインド太平洋構想はビジョンとしては、素晴らしいと思います。

　ただ、自由で開かれた、そのインド太平洋戦略というのは、インドを先に出したというのは、インドを使って中国を牽制しようとい

う意味があるとすれば、インドはそんな簡単な国ではなくて、インドは中国との貿易では最大の輸出国ですね。インドを使って中国に対するというように、そんな簡単に日本が考えているように、日本の戦略に乗ってくるほど、甘い国ではないと思うのです。国連などにおいても、最もしたたかな国はインドだと思います。

　その点を赤阪さんは、どう考えておられるのか。例えば、米国の政治学者のフランシス・フクヤマは「日本は欧州やオーストラリアなどと一緒に組んで、一つの日本の価値観を同盟国と協力しながらやるべきだ」という意見を出していますが、インドは出てこないですよね。

　その場合のインドの役割というのはこれからどうなっていくのか。アジアでやはり一番重要な国は、例えば、経済協力開発機構（OECD）で「2060年の世界」で経済力の高い国とみているのは、アメリカと中国、インドなのですね。そこから考えると、インドの役割というのはこれからどうなるのだろうか。その点についてお答え願いたいとの印象を私は持っています。

　まずは今日は、本当に素晴らしいお話だったし、非常に勉強になりました。これからもアジア・ユーラシア総合研究所は、こういう形で活動を続けていって頂ければと思います。今後もまた、赤阪さんに宜しくお願いしたいと思います。今日はご講演を本当にありがとうございました。

一般財団法人　アジア・ユーラシア総合研究所

第10回「アジア・ユーラシア研究フォーラム」
（アユ研フォーラム）

　初夏の候、いかがお過ごしでしょうか。
　さて、第10回目のアユ研フォーラムを下記の通りご案内いたします。今回の10回を記念し今後、当フォーラムは隔月開催を予定しています。更にこれを機会に今後「アジア・ユーラシアブックレット」の一環として「アユ研フォーラム」の表紙で講演内容を定期発行してゆく予定です。
　ご期待下さい。引き続いての皆様のご協力をお願い申し上げます。

― 記 ―

1　期日：2019年7月17日（水）
　　　　午後5時開場、5時半～7時半
2　会場：桜美林大学千駄ヶ谷キャンパス　1階ホール
3　会費：1500円、会員1000円、学生無料
プログラム
　5時半　開始　　司会　河野善四郎（事務局常務理事）
　5時半～（約20分）
　基調報告　福川伸次（当フォーラム座長、東洋大学総長、元通産事務次官）
　　　　　　―最近の国際動向と日本の対応（仮題）
　6時～7時（約1時間）
　　講　師　谷口　誠（当研究所特別顧問、元国連大使、元岩手県立大学長）
　　テーマ　「グローバリゼーションの下での世界経済の現状と
　　　　　　　　　　　　　　2060年に向けての未来予測」
　7時～（約20分）
　　質疑応答
　7時半　閉会の辞、退室

「アジア・ユーラシア　ブックレット」発刊によせて

1990年の冷戦終了後の国際環境は、30年、50年に一度の「大転換の時代」と言われて久しい。共産主義に対する自由主義の勝利とみなす「歴史の終わり」も新しい世界秩序と歴史認識の確立もともに遠のき、世界共通の課題となっている。自明とされたグローバリズムの潮流も、地球上の各地域、各民族の紛争の前に翻弄されつつあるのが現状である。

一方、情報科学技術の発達と超巨大情報企業の出現は、国境と組織の壁をやすやすと乗り越えて直接ネットを通じて個人生活に入り込み、簡便化、規格・統一化の下で商業化が急速に進展している。

例えば、朝夕の電車の中では乗客の殆どがスマホを眺めている。日本においても同様であり、とりわけ国民の共通資本と言われる教育界、物流交通面でこの傾向は顕著だと言えよう。戦後、テレビが家庭に出現して社会現象となった当時と同様に「ながら現象」が世を覆っている。発信側の情報を一方的に受信し拡散するだけの顔の見えない現今のネット環境下では、中高大学生から社会人にいたるまで、現状では真の教養と人間形成の向上は図れないのではなかろうか。このことは、日本人の自己成長への意欲と社会改革への熱意が近年ますます低落傾向にあるという統計（2018年度内閣府の意識調査）によってもうらづけられる。

出版事業は本来「読書による文化の継承と人材の育成」を目的としている。

一般財団法人「アジア・ユーラシア総合研究所」は、2017年4月に創立以来、「アジア・ユーラシア研究フォーラム」「日韓研究交流プロジェクト」「企業倫理研究会」「河合栄治郎研究会」「中嶋嶺雄研究会」等の講演会や研究報告とこれらの活動成果である出版化を通じて「絶対価値の確立」と「人格の完成」の追求し、有為な若手研究者の人物育成を図り社会に寄与せんことを追求してきた。

私たちはこのたび、世界と日本の直面する本質的核心的な事件や人物を取り上げ、総合的、立体的に把握しタイムリーに分かりやすく分析解説紹介することを意図して『アジア・ユーラシアブックレット』シリーズ刊行に踏み切った。当ブックレットは当研究所会員のみならず、希望者は誰でも全国の店頭にて購入できます。今後は年に数冊、定期的に企画発行の予定です。

（財）「アジア・ユーラシア総合研究所」の役員、研究員を挙げての本プロジェクトの企画発行にご期待ください。

2019年7月7日

アジア・ユーラシア総合研究所編集委員会　代表　川西重忠

アジア・ユーラシア研究フォーラム　2019年3月例会の集合写真

赤阪 清隆（あかさか きよたか）

公益財団法人　フォーリンプレスセンター理事長
元広報担当国際連合事務次長
- 1948年　大阪府出身
- 1971年　京都大学法学部卒業
- 1971年　日本外務省入省
- 1988年　GATT事務局
- 1993年　世界保健機関（WHO）事務局
- 2000年　国連日本政府代表部大使
- 2001年　在サンパウロ日本国総領事
- 2003年　経済協力開発機構（OECD）事務次長
- 2007年　広報担当国連事務次長（広報局長）、世界中の国連広報センターを統括
- 2012年　国連事務次長を退任